KB262052

아가씨, 피리를 부셔요

AGASSI PIRIRUL-BUSHEOYO

Text: Lee Hyeon-Ju
Illustration: Lee Cheol-Su

© Benedict Press, Waegwan, Korea 1983

아가씨 피리를 부셔요
1983년 7월 초판 | 2012년 6월 9쇄
지은이 · 이현주 | 펴낸이 · 이형우
ⓒ 분도출판사

등록 · 1962년 5월 7일 라15호
718-806 경북 칠곡군 왜관읍 왜관리 134의 1
왜관 본사 · 전화 054-970-2400 · 팩스 054-971-0179
서울 지사 · 전화 02-2266-3605 · 팩스 02-2271-3605
www.bundobook.co.kr

ISBN 89-419-8308-8 04810
값 4,000원

아가씨, 피리를 부셔요

이 현주 씀
이 철수 그림

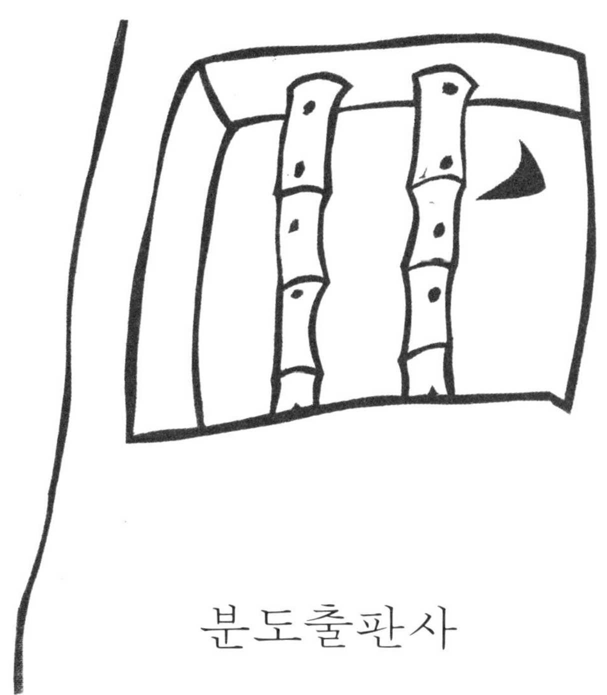

분도출판사

  명숙 아가씨는 그때 겨우 다섯 살이었습니다. 우락부락한 포졸들이
아버지를 끌고 갈 때, 마을 사람들은 어린 명숙 아가씨를 끌어안고 숨
죽여 울기만 했습니다.

　　명숙 아가씨의 아버지는 작은 글방을 차리고 마을 아이들을 가르치는 가난한 훈장(선생님)이었습니다. 사람들은 그를 한 초시 어른이라고 불렀습니다. 한 초시는 마을 사람들한테서 밭을 조금 얻어 채소를 심었습니다. 아침나절에 아이들과 함께 글을 읽고 나면 밭에 나가 풀도 뽑고 거름도 주고 하는 것이 그의 하루 일이었습니다.

　　"초시 어른, 힘든 농사일일랑 우리가 할 테니 그만두시고 애들이나 잘 가르쳐 주시지요."

　　마을 사람들이 이렇게 말하면 한 초시는,

　　"힘든 일일수록 나눠서 해야 하는 법일세. 내 이까짓 풋솜씨가 자네들한테 무슨 도움이 되겠는가마는, 그러지들 말고 서툰 일손이나 바로 잡아 주시게." 하고 대답했습니다.

　한 초시에게는 어진 아내와 젖먹이 딸이 하나 있었습니다. 마을 사람
들과 어울려 그들은 행복하게 살았습니다. 처음에는 서울에서 내려온
양반이라고 해서 서먹서먹했지만, 사람들은 그가 너그럽고 따뜻한 사람
이라는 걸 이내 알게 됐고, 한 해 겨울울 넘기기 전에 그들은 오랜 옛
날부터 사귀어 온 사이처럼 가까워졌습니다.

　그러나 사람이란 언제까지나 행복하게만 살 수는 없는가봅니다. 한 초시에게 뜻밖의 일이 생겼습니다. 그야말로 마른 하늘에 치는 벼락과 같은 일이었지요.
　어느 날, 산으로 딸기를 따러 갔던 아내가 무서운 뱀에 물려 온 몸이 부어오른 채 시퍼렇게 죽어 내려왔던 것입니다.
　한 초시는 산이 무너진 것 같았습니다. 마을 사람들도 눈이 퉁퉁 붓도록 울었습니다.

아내를 묻으러 가기 전날 밤,
한 초시는 꿈에 아내를 보았습니다.
　아내는 머리에 흰 달맞이꽃을 꽂고는,
울고 있는 한 초시에게 절을 했습니다.
　"안녕히 계십시오. 먼저 갑니다."
한 초시는 아내의 옷자락을 움켜잡았습니다.
　"여보 부인, 어딜 간단 말이오? 같이 갑시다."
그러나 아내의 옷자락은 안개처럼 손아귀를 빠져 나갔습니다.

"외로운 당신 곁에 있어 드리지 못하여 죄송합니다만, 너무 서러워
마시어요. 제가 떠나고 나면 더 많은 친구들이 당신 곁으로 몰려올 테
니까요. 자, 이것을 받으십시오."

한 초시는 아내가 주는 것을 받았습니다. 손바닥 길이 만한 옥(玉)피
리였습니다.

"한번 불어 보시지요."

한 초시는 피리 끝에 입술을 대고 가만히 불어 보았습니다. 입술이
닿자 옥피리는 저절로 소리를 내기 시작했습니다.

피리 소리에 한 초시는 잠이 깨었습니다. 방안에는 한 자루 촛불만이 가물거리고 있었습니다. 아무리 둘러보아도 금방 들고 있던 피리는 보이지 않았습니다.

그 날, 산에 가서 시체를 묻고 온 사람들이 이상하게 생긴 돌멩이를 한 초시에게 내놓았습니다.

"시신을 묻으려고 땅을 파다가 이상하게 생긴 돌멩이가 나오길래 갖고 왔습니다. 보십시오."

한 초시는 그들이 주는 돌멩이를 자세히 들여다보았습니다. 그러다가 깜짝 놀랐습니다. 흙이 묻어서 처음에는 몰라봤지만, 그것은 분명히 옥돌이었습니다. 한 초시는 옥돌을 갈아 피리를 만들었습니다. 영락없이 꿈에 얻었던 바로 그 옥피리였습니다.

한 초시는 옥피리를 불어 보았습니다. 입술에 대기만 하면 피리는 기다리고 있었다는 듯 스스로 소리를 내었습니다. 한 초시가 입을 떼면 피리 소리도 그쳤습니다.

피리 소리는 마을로 퍼져 나갔습니다. 달빛이 휘영청 밝은 밤, 한 초시는 고이 잠든 명숙 아가씨의 얼굴을 내려다보며 옥피리를 불었습니다. 피리 소리는 명주실처럼 구멍에서 흘러나와 쓸쓸한 한 초시의 가슴을 휘감고 하늘거렸습니다. 그것은 오래 전에 잊었던 어머니의 손길처럼, 그리운 아내의 입김처럼 한 초시의 마음을 쓰다듬어 주었습니다.

　이윽고 그의 가슴에 주렁주렁 맺혀 있던 설움과 쓸쓸함이 봄눈 녹듯
사라져 갔습니다.
　그런데 같은 시간에 피리 소리를 듣고 있는 것은 한 초시뿐만이 아니
었습니다. 온 마을 사람이 잠을 깨고 일어나 앉아 이상한 피리 소리를
듣고 있었습니다. 그들은 하나 둘 한 초시네 집 앞으로 모여들었습니

다. 그리고는 자기도 모르게 곁에 서 있는 사람의 손을 잡고 눈물을 흘렸습니다. 피리 소리를 들으면서 그들은 한 초시의 잔잔한 목소리를 듣는 것도 같았습니다.

— 이 사람들아,
없는 사람끼리
따뜻한 손을 잡아 주게나.
외로운 사람만이 외로운 사람을 사귈 수 있고
서러운 사람만이 서러운 사람을 위로할 수 있는 법이야.

그동안 살면서 겪어야 했
던 온갖 서러운 일들과 억울
한 일들을 생각하면서 사람
들은 한 초시의 피리 소리에
귀를 기울였습니다. 피리 소
리는 그들의 가슴에 멍울 선
설움을 싣고 어둠 속으로 사
라져 갔습니다.

한 초시가 이상한 피리를 갖고 있다는 소문이 나라 안에 퍼졌습니다. 사람들이 한 초시네 작은 초가집으로 몰려들기 시작하였습니다. 모두들 서럽고 외로운 백성들이었습니다. 태어날 적부터 가진 것이라고는 아무 것도 없이 살아 온 백성들이었습니다.

그들은 한 초시가 불어 주는 피리 소리를 듣고 가슴에 쌓여 있던 한스런 멍울들을 풀어 버렸습니다.

너 나 할 것없이 모두들
따스한 손을 잡고 설움을 나누었습니다.
한 초시는 하루 일이 모두 끝나고 밤이 되면 피리를 꺼내 불었습니
다. 여기저기에서 흰옷 입은 사람들이 끊임없이 나타나, 피리 소리에
귀를 기울이면서, 처음에는 한숨을 쉬다가 이윽고 눈물을 흘리며 곁에
서 있는 낯선 사람을 부둥켜안고
서로 위로하는 것이었습니다.

그런데 어느 날, 서울에서 부자 대감이 소문을 듣고 찾아 왔습니다.
"쉬이, 물렀거라! 대감님 행차시다."
대감은 커다란 가마에 높이 앉아 검은 수염을 쓰다듬으며 마을로 들어섰습니다. 배운 것 없고 가진 것 없는 마을 사람들은 어른 아이 모두 모여 대감을 보고 허리를 굽혔습니다.

대감의 종녀석이 사람들에게 말했습니다.
"이 마을에 이상한 피리를 부는 자가 있다는 소문을 듣고 지나는 길
에 들르셨으니, 어서 그 사람을 데려오시오."

사람들이 달려가 한 초시를 데려왔습니다.

"자네가 그 이상한 피리의 임자인가?"

대감이 엎드려 있는 한 초시에게 물었습니다.

"그렇습니다."

"흠, 어디 그 소리 한번 들어 보고 싶구나."

"그러시지요."

한 초시는 품에서 피리를 꺼내어 입에 대었습니다. 뭐라고 말할 수 없게 아름답고 소슬한 피리 소리가 둘러서 있는 사람들의 가슴을 울렸습니다.

대감은 평소에 퉁소깨나 부는 사람이었으므로 그 피리를 갖고 싶었습니다. 그러나 욕심을 감추고 점잖게 말했습니다.

"허어, 참 잘도 분다. 사람의 애간장을 녹이는구나. 어디 나도 한번 불어 보자."

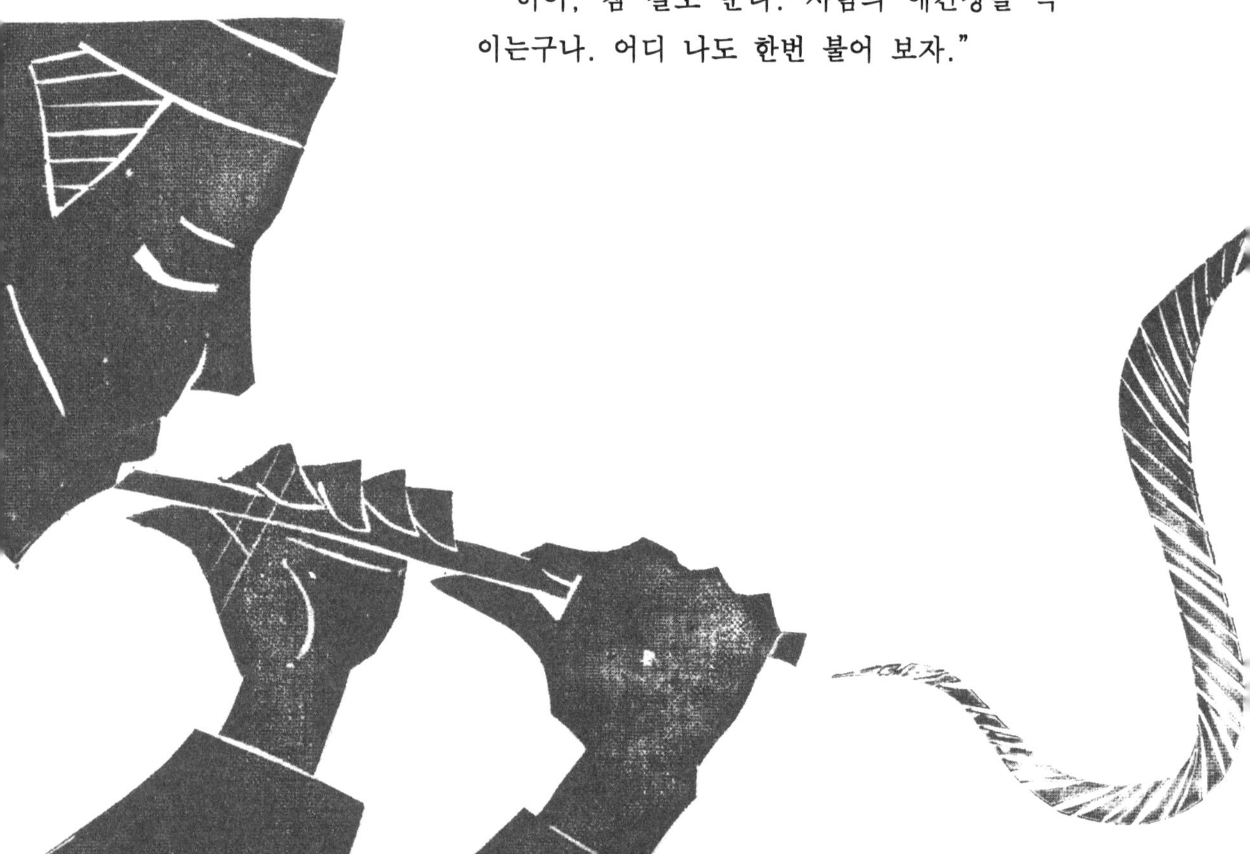

대감은 한 초시의 손에서 옥피리를 받아 들고는, 내 무슨 수를 써서라도 이 피리를 빼앗고 말리라 속으로 다짐을 하였습니다. 그러고는 천천히 피리를 입술로 가져가 불어 보았습니다.

그러나 아무리 불어도 피리에서는 소리가 나지 않았습니다. 대감은 얼굴이 벌겋게 되도록 불어 보았지만 여전히 피리에서는 듣기 싫은 바람 소리만 새어 나올 뿐이었습니다.

"허어, 거 참 변괴(알 수 없는 일)로다. 어째서 소리가 나지 않을꼬?"

대감은 사람들이 보는 앞에서 망신을 당했다고 생각하니 더 이상 그 자리에 있을 수가 없었습니다.

"내 일찍이 이런 잡스런 물건을 다루어 본 적이 없어 낭패(일이 잘못되어 딱하게 됨)를 보았구나. 자, 갈 길이 바쁘니 어서 돌아가자."
대감은 한 초시에게 피리를 던져 주고 총총히 마을을 떠났습니다.

그러나 마음은 뒤틀리고 속이 상하여 견딜 수가
없었습니다.
　대감이 다녀간 뒤로 한 초시의 옥피리는 더욱 유
명해졌고 그와 함께 망신당한 대감 이야기도 날개
를 달고 퍼졌습니다.

마침내 소문은 임금님 귀에까지 들어갔습니다. 어느 날, 임금님은 대
감을 불러 은근히 물어 보았습니다.

“듣자 하니 그대가 아무 달 며칠, 어느 촌부(시골뜨기)
에게 망신을 당한 일이 있다던데, 그 소문이 사실인고?”
대감은 이것 참 큰일났다고 생각하였습니다. 그 창피한
일을 임금님까지 알게 됐으니, 어쩌면 벼슬 자리에서 쫓
겨날지도 모를 일입니다. 대감은 어떻게든 임금님의 신임
(믿는 마음)을 잃어서는 안된다는 생각으로, 거짓말을 했
습니다.
“황공하오나 그것은 뜬소문이옵니다. 전혀 그런 일이
없었사옵니다.”
“그래도 아니 땐 굴뚝에 연기 나랴고, 전혀 뜬소문일
수야 있겠는고? 그대가 그 촌부의 마을에 간 일도 없었
다, 이 말인가?”
임금님은 뭔가 좀더 알아 내지 않고는 물러나지 않을
눈치였습니다. 안되겠다 싶어 대감이 한술 더 떴습니다.
“예에, 실은 아무 달 며칠 그 마을에 간 것은 사실이옵
니다.”
“허허, 그랬겠지. 세상에 뿌리 없는 뜬소문은 없는 법,
그대는 무엇하러 그 마을엘 갔던고?”
“아뢰옵기 황송하오나 그 마을에 사는 한이라는 성을
가진 자가 어리석은 백성을 꾀어 역모(임금을 몰아내는
일)를 일으키려 한다기에 사실을 알아 보고자 은밀히 내
려갔던 것이옵니다.”

대감의 말을 듣고 임금님은 펄쩍 뛰었습니다.

"뭐라고? 감히 역모를 꾸미는 자가 있다고? 그자가 누구란 말이냐?"

대감은 이제 자기 거짓말을 돌이킬 수 없다고 생각했습니다. '에라, 나도 모르겠다. 될 대로 되어라.' 하는 식으로 아무렇게나 지껄였습니다.

"한 아무개라는 자가 은밀히 팔도 각처에서 불평과 불만으로 가득 찬 자들을 불러모아 일을 꾸미고 있었사옵니다. 아직은 겉으로 드러나지 않고 있사오나 머잖아 무리를 이끌고 일어설 듯하였사옵니다."

"그대는 어찌하여 그런 일을 이제서야 내게 고한단 말이냐? 물러가 있거라. 우선 그 한가 놈을 잡아들인 뒤에 네 죄를 다스리리라."

임금님은 대감을 보낸 다음 곧장 포도대장을 불러 한 초시를 잡아들이라고 명령을 내렸습니다. 이렇게 되어서 명숙 아가씨가 겨우 다섯 살이었을 때 한 초시는 포졸들 손에 묶여 끌려갔던 것입니다.

한 초시는 끝내 돌아오지 않았습니다. '죄가 없으니 곧 돌아오겠지.' 하고 생각하며 마을 사람들이 기다리고 또 기다렸지만 달이 가고 해가 바뀌도록 한 초시는 돌아오지 않았습니다.

마을 사람들은 모든 일이 그 이상한 옥피리 때문에 일어났다고 생각하였습니다. 그래서 그들은 한 초시가 남기고 간 옥피리를 바수어 뒤란에 묻었습니다. 온갖 설움을 달래 주는 그 피리 소리를 다시는 듣지 못하게 된 것이 가슴 아픈 일이었지만, 차라리 한평생 서럽게 사는 것이 죄 없는 사람 억울하게 죽는 것을 보며 사는 것보다는 낫다고 생각했던 것입니다.

세상이 아무리 어수선하고 뒤죽박죽이 되어도 변함없이 한 곳으로 흐르는 것이 둘 있습니다. 하나는 바다를 향해 흐르는 강물이고, 다른 하나는 내일을 향해 흐르는 세월입니다.

　그렇게 세월은 흘렀습니다. 어느덧 명숙 아가씨는 열 다섯 다 큰 처녀가 되었습니다.

　젖가슴이 볼록하게 솟아오른 명숙 아가씨를 볼 때마다 마을 사람들은 죄 없이 죽어간 한 초시 어른이 생각났습니다. 그 서글서글한 눈매와 인자스런 입술이 아버지를 꼭 닮았던 것입니다. 이제 시집갈 나이가 됐는데, 아버지가 살아 있다면 얼마나 좋을까, 생각할수록 마을 사람들은 명숙 아가씨가 불쌍하기만 했습니다. 그리고 뭔가 가슴을 내리누르는

것만 같아 답답하기 그지없었습니다. 그런데 서럽고 답답한 것은 마을
사람들만이 아니었습니다. 명숙 아가씨의 작은 가슴도 알 수 없는 사슬
에 옥죄인 것처럼 갑갑하기만 했습니다.

　그런데 명숙 아가씨가 만 열 다섯이 되는 생일 전날 밤이었습니다.
참으로 뜻밖에 명숙 아가씨는 아버지를 꿈속에서 보았습니다.
　아버지는 전에 늘 그랬듯이 툇마루에 앉아 작은 피리를 손에 들고 있
었습니다. 피리를 보는 순간, 갑자기 명숙 아가씨의 가슴이 쿵쿵 뛰었
습니다. 아아, 저 옥피리! 아버지가 밤마다 불어 주던 그 가냘픈 피리
소리!
　“아버지, 피리를 불어 주셔요.”

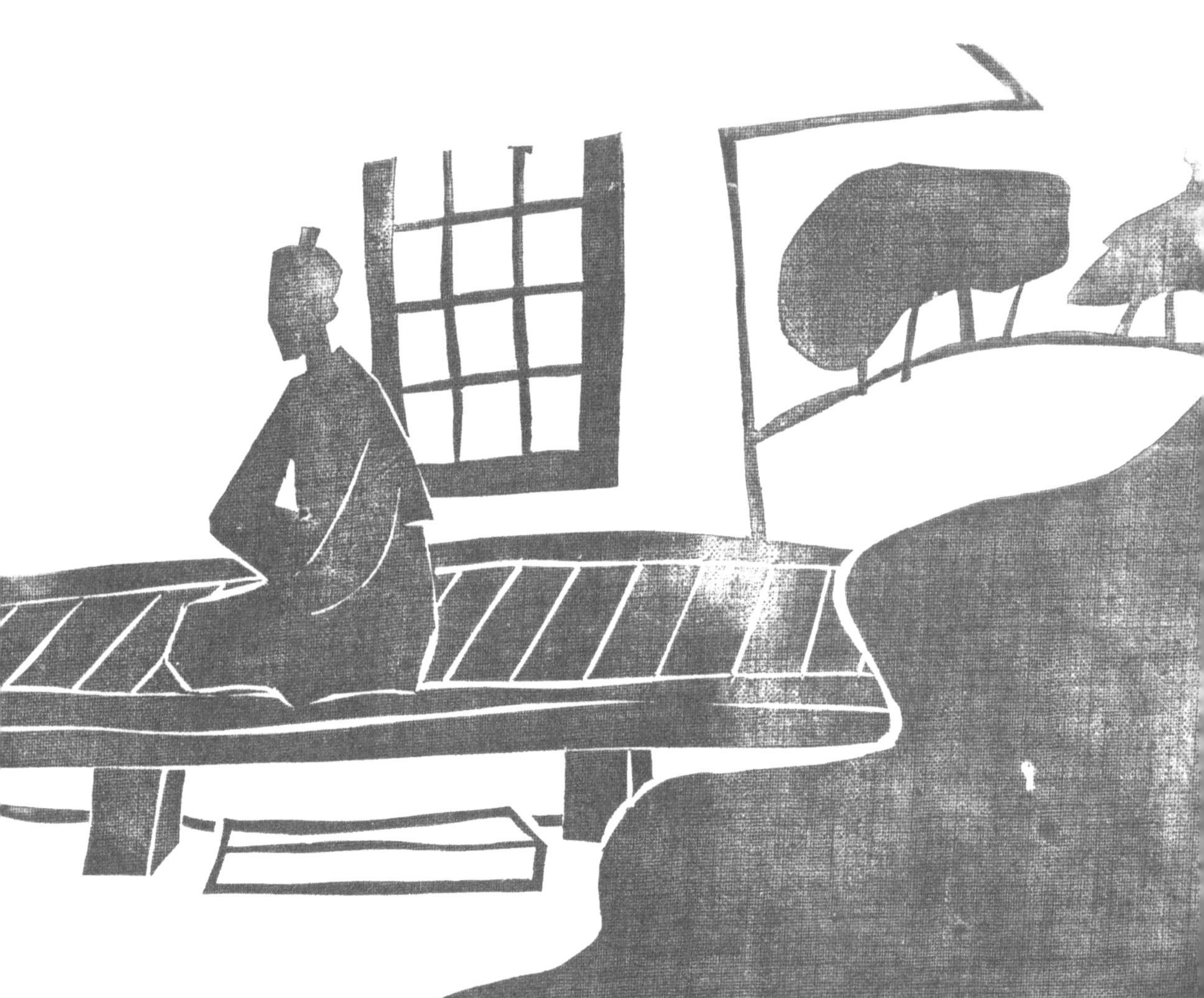

명숙 아가씨는 아버지의 무릎에 매달려 애원을 했습니다. 다섯 살 때 만져 보던 바로 그 무릎이었습니다.

"명숙아, 이젠 열 다섯 살이 되었으니, 네 피리를 불어라. 이 피리를 너에게 주마."

명숙 아가씨는 아버지가 주는 피리를 두 손으로 받았습니다.

"피리를 불면 답답한 가슴이 풀어질 것이다. 서러운 사람끼리 서로 손을 잡고 살아야 한다. 내 말을 마음에 새겨 두어라."

아버지는 말을 마치고 뒤란으로 걸어가셨습니다. 명숙 아가씨는 아버
지를 따라 뒤란으로 갔지만 텅 빈 뒤란에는 아무도 없었습니다. 명숙
아가씨는 아버지가 주고 가신 피리에 가만히 입술을 대었습니다. 피리
는 살아 있는 생명처럼 흐느끼며 제 소리를 내었습니다.

　피리 소리에 명숙 아가씨는 잠이 깨었습니다. 분명히 손에 들고 있던 피리가 아무 데도 없었습니다. 이상한 꿈이었습니다. 그것은 아무 것도 남기지 않은 짧은 꿈이었지만 명숙 아가씨에게 너무나도 귀중한 것을 되찾게 해 준 꿈이기도 했습니다.

　— 그렇지. 피리, 피리를 찾아야 해. 아버지가 나에게 주신 그 옥피리를 찾아야지.

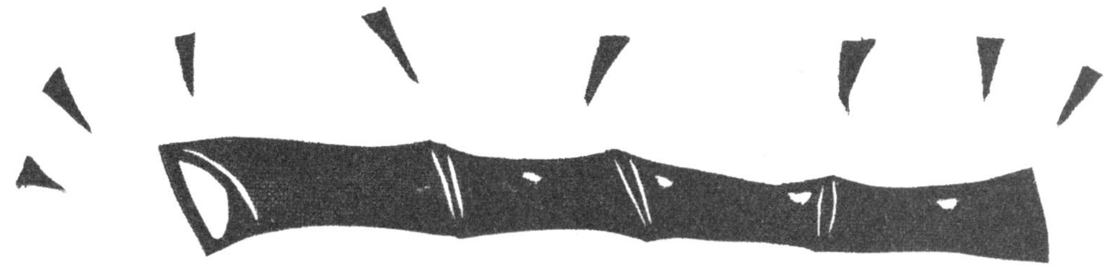

　　마을 사람들은 명숙 아가씨의 꿈 이야기를 듣고 가슴이 덜컥 내려앉았습니다. 조각을 내어 뒤란에 묻어 놓은 옥피리 얘길 어떻게 들려 줘야 할는지 몰랐던 것입니다. 그러나 더 이상 숨길 수도 없는 노릇이었습니다. 마을 사람들은 울먹이면서 옥피리를 바수어 뒤란에 묻은 이야기를 들려 주었습니다.

　명숙 아가씨는 곧 뒤란으로 가서 땅을 파 보았습니다. 아무 것도 나타나지 않았습니다. 사람들이 묻어 놓았던 피리 조각은 모두 흙이 되고 만 것 같았습니다.

　그러나 며칠 뒤, 명숙 아가씨의 손으로 파헤쳤던 바로 그 자리에서 전에 보지 못하던 이상스런 싹이 돋아났습니다. 그것은 난데없는 죽순 (대나무싹)이었습니다.

44

　　명숙 아가씨는 그 대나무를 잘라 피리를 만들었습니다. 옛날 한 초시
가 불던 옥피리를 그대로 빼닮은 자그마한 피리였습니다. 명숙 아가씨
가 피리에 입을 대고 숨을 불어 넣자 피리는 가냘프게 떨며 가락을 토
해 내기 시작하였습니다.

　　마을 사람들이 제일 먼저 달려왔습니다. 그러고는 커다란 눈에서 눈물을 주룩주룩 흘렸습니다. 얼마나 듣고 싶었던 피리 소리였던가? 찢기고 억눌리고 터진 마음을 쓰다듬고 다독거려 주는 어머니의 손길 같은 저 피리 소리! 사람들은 명숙 아가씨가 부는 피리 소리를 들으며 귀에 익은 한 초시의 음성을 듣는 것 같았습니다.

　　— 어려운 때일수록 서로 따스한 손을 잡아야 하네. 서러운 사람만이 서러운 사람을 위로할 수 있는 법이여, 흰옷 입은 사람들끼리 서로 아껴 주고 살게들. 갈라서지 말고 …

　소문은 다시 강을 건너고 산을 넘어 온 나라에 퍼졌습니다. 억울하고 서러운 사람들의 발길이 명숙 아가씨의 집으로 줄을 이었습니다. 명숙 아가씨는 그들에게 피리 소리를 들려 주는 한편, 뒤란에서 자꾸만 돋아 나는 대나무로 피리를 만들어 사람들에게 나누어 주었습니다. 마침내 온 나라에서 명숙 아가씨의 피리 소리가 들려 오게 되었습니다. 그와 함께 십 년 전에 죽은 한 초시의 억울한 이야기도 피리 소리에 섞여 사 방으로 흩어졌습니다.

일이 이렇게 되자 임금님은 가만 있을 수가 없었습니다. 명숙 아가씨
를 당장에 잡아들이라고 명령을 내렸습니다.

포졸들이 명숙 아가씨를 잡아 옥에 가두고 피리를 빼앗아 불에 태워
버렸습니다.

"요망한 계집 같으니라구. 네 아비처럼 너도 죽여 줄 터이니 기다려라!"

 그들이 욕을 하면서 돌아간 뒤 명숙 아가씨는 정신을 차리고 사방을 둘러보았습니다. 그곳은 축축하고 어두운 감방이었습니다. 눈에 보이는 것이라고는 사방 두꺼운 돌벽뿐이었습니다. 그때, 한 줄기 은빛이 비단처럼 조용히 명숙 아가씨의 머리 위에 내려앉았습니다. 손바닥만한 창문으로 환한 달빛이 새어 들어온 것입니다.

　명숙 아가씨는 비틀거리며 일어나 창문 틀에 이마를 대고 달님을 바라보았습니다.
　"명숙 아가씨, 피리를 부셔요!"
　달님이 속삭였습니다.
　"피리를 빼앗겼어요. 그들이 불에 태워 버렸답니다."
　명숙 아가씨가 힘없이 대답하였습니다.
　"아니, 그들은 피리를 빼앗아 가지 못했어요. 잘 보셔요. 피리는 바로 아가씨 눈앞에 있답니다."
　명숙 아가씨는 정신을 차리고 앞에 있는 것을 보았습니다. 달빛을 받아 싸늘하게 빛나는 두 개의 쇠창살이 보였습니다. 아아, 그것은 틀림없이 아버지가 불던 옥피리였습니다!

　　명숙 아가씨는 마른 입술을 쇠창살 끝에 대고, 그리운 어머니에게 속
삭이듯 가만히 숨을 내쉬었습니다. 그러자 가을밤 바람에 하늘거리는
비둘기의 깃털처럼, 말할 수 없이 부드럽고 포근한 피리 소리가 여리게
여리게 울려 나왔습니다.

소리는 끊어질 듯 이어지면서 감옥의 높은 담을 넘어 잠든 마을의 지
붕 위로 퍼져 나갔습니다. 깊은 밤, 설움에 잠 못들어 뒤척이던 사람들
은 그 애끓는 피리 소리를 들을 수 있었습니다.

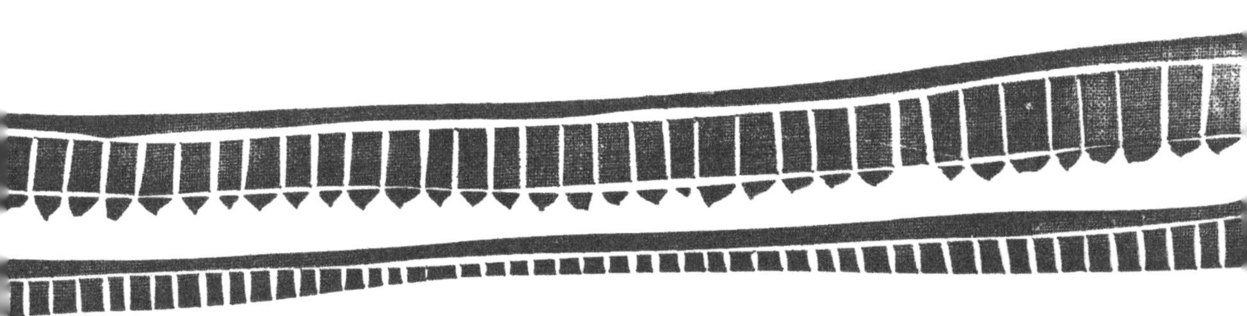